Trainingslehre Ausdauer. Kundenspezifische Erstellung eines Mesozyklus

Regina Wenzinger

Bibliografische Information der Deutschen Nationalbibliothek:

Die Deutsche Nationalbibliothek verzeichnet diese Publikation in der Deutschen Nationalbibliografie; detaillierte bibliografische Daten sind im Internet über http://dnb.d-nb.de abrufbar.

ISBN: 9783346279712
Dieses Buch ist auch als E-Book erhältlich.

Druck und Bindung: Books on Demand GmbH, Norderstedt Germany
Gedruckt auf säurefreiem Papier aus verantwortungsvollen Quellen

Das vorliegende Werk wurde sorgfältig erarbeitet. Dennoch übernehmen Autoren und Verlag für die Richtigkeit von Angaben, Hinweisen, Links und Ratschlägen sowie eventuelle Druckfehler keine Haftung.

Das Buch bei GRIN: https://www.grin.com/document/942097

Deutsche Hochschule für
Prävention und Gesundheitsmanagement
Hermann Neuberger Sportschule 3
66123 Saarbrücken

Einsendeaufgabe

Fachmodul:	Trainingslehre 2
Studiengang:	Bachelor Gesundheitsmanagement
Datum Präsenzphase:	11.06.2019 – 13.06.2019
Name, Vorname:	Wenzinger, Regina
Studienort:	**München**
Semester:	**SS18**

Inhaltsverzeichnis

1 Diagnose

Im Rahmen eines Eingangsgespräches wurden relevante Daten, der zu trainierenden Person X, erhoben und bewertet. Es gilt die Leistungsfähigkeit im Bezug auf die Trainingsplanung zu beurteilen, um einen individuell angepassten Trainingsplan zu erstellen.

1.1 Allgemeine und biometrische Daten

Tab. 1: Allgemeine Daten der Person X

Alter	43
Geschlecht	männlich
Größe	172
Gewicht in kg	83 (BMI 28.1)
Trainingsmotive	Gewichtsreduzierung, fitter werden (Ausdauer steigern), Blutdruck senken
Berufliche Tätigkeit	Bankkaufmann (meist sitzend)
Sportliche Vorgeschichte	- 1x Woche Kraftsport (seit 6 Monaten)
	- 1x Woche Joggen (4 Monate)
Leistungsstufe	- Beginner
Zeitbudget	Max. drei Einheiten pro Woche, bis max. 80 Minuten pro Woche

Tab. 2: Biometrische Daten

	Gemessene Werte	Normwerte	Bewertung
Blutdruck mmHg	134/86	Siehe Tab. 3	hochnormal
Ruhepuls Schläge / Minute	72	60 – 80	normal
Body–Mass–Index kg/m2	28.1	Siehe Tab. 4	Präadipositas
Körperfett in kg / %	19 / 22.62	11 - 22	hoch

Tab. 3: Blutdruckklassifikationen der American Heart Association (modifiziert nach Mancia et al., 2013, S.1286)

Bewertung	Blutdruckwerte – systolisch mmHg	Blutdruckwerte – diastolisch mmHg
optimal	< 120	< 80
normal	120 – 129	80 – 84
hochnormal	130 – 139	85 – 89
Bewertung	Blutdruckwerte – systolisch mmHg	Blutdruckwerte – diastolisch mmHg
Hypertonie Stufe 1	140 – 159	90 – 99
Hypertonie Stufe 2	160 – 179	100 – 109
Hypertonie Stufe 3	> 180	> 110

Tab. 4: Klassifzierung der BMI-Werte (modifiziert nach WHO, 2000)

Klassifizierung	BMI (kg/m2)	Unterteilung
Untergewicht	> 16	Starkes Untergewicht
	16 -17	Mäßiges Untergewicht
	17 -18.5	Leichtes Untergewicht
Normalgewicht	18.5 – 24.9	Normalgewicht
Übergewicht	25 – 29.9	Präadipositas
Adipositas	30 – 39.9	Adipositas Grad 1
	35 – 39.9	Adipositas Grad 2
	> 40	Adipositas Grad 3

Nach der Erfassung und Bewertung aller benötigten Informationen, kann festgestellt werden, dass der Kunde keine Kontraindikationen aufweist. Es liegen keine internistischen oder orthopädischen Probleme vor. Der Klient befindet sich weder in medizinischer Behandlung, noch nimmt er Medikamente ein. Sein Blutdruck ist leicht erhöht und sein Ruhepuls befindet sich im oberen Normbereich. Laut Einschätzung seines Hausarztes besteht bei Herrn X kein erhöhtes Risiko in Bezug auf Ausdauertraining. Der Arzt sprach seine Empfehlung im Bezug auf Ausdauer orientiertes Training aus. Laut eigener Aussage möchte Herr X sein Gewicht reduzieren (Körperfettanteil senken). Mittels einer 5-Punkt Caliper Messung wurde Körperfettanteil von 22.62% gemessen. Dieser Wert ist als hoch einzustufen (Gallagher et al. 2000). Zusammenfassend weist der Kunde einen guten allgemeinen Gesundheitszustand auf.

1.2 Leistungsdiagnostik / Ausdauertestung

Eine Leistungsdiagnostik im Ausdauertraining ist zwingend notwendig, da der Trainings-
plan in Hinsicht auf die Belastbarkeit des Klienten angepasst werden muss. Das Prinzip
der Individualität und Altersgemäßheit wird damit beachtet. Zur Ermittlung der Ausdau-
erleistungsfähigkeit bei Herrn X wird ein Stufentest am Fahrradergometer durchgeführt.
„Unter Ergometrie versteht man die quantitative Messung und Beurteilung der körperli-
chen Leistungsfähigkeit und Belastbarkeit von Gesunden und Kranken. Die Ergometrie
erfolgt mit einer definierten Belastung, sie soll reproduzierbar sein, dosierbar, vergleich-
bar und objektiv" (Löllgen, 2009, S.4). Das Fahrradergometer eignet sich bei der Leistungsdiagnostik besonders gut, da die Belastung exakt dosierbar ist. Zudem sind die ko-
ordinativen Anforderungen sehr gering und somit für einen Untrainierten auch umsetzbar.

1.2.1 Voreinstufung nach IPN und Wahl des Testverfahrens

Die in Tabelle 1 und 2 dargestellten Parameter dienen zur Voreinstufung der Ausdauerleistung.

Tab. 5: Voreinstufung nach Ruheherzfrequenz und Lebensalter (modifiziert nach Trunz, 2001; IPN, 2004, S.4)

Alter (Jahre)	< 20	20 - 29	30 - 39	40 - 49	50 - 59	60 - 69	> 70
HfRuhe (S/min)							
< 50	140	135	130	125	115	110	105
50 – 59	145	140	135	125	120	115	110
60 – 69	145	140	135	130	125	120	115
70 – 79	150	145	140	135	130	125	120
80 – 89	155	150	145	140	135	125	125
> 90	160	155	150	145	135	130	125

Tab. 6: Voreinstufung unter zusätzlicher Berücksichtigung der Trainingshäufigkeit ausdauerrelevanter Aktivitäten (modifiziert nach Trunz, 2001; IPN, 2004, S.4)

Trainingszustad	Trainingshäufigkeit/ Woche	Stunden / Woche	Pulsaufschlag Schläge / Minute
Kein Ausdauertraining	0	0	0
Wenig Ausdauertraining	1 – 2	> 1	0
Moderates Ausdauertraining	2 - 3	1 - 2	+ 5
Viel Ausdauertraining	3 - 4	2 – 4	+ 10
Sehr viel Ausdauertraining	> 4	> 4	+ 15

Die ermittelte Zielherzfrequenz liegt für Herrn X bei 135 S /Min. Aufgrund der gesammelten Daten kann in folgendem Schritt ein Leistungsangepasstes Belastungsschema gewählt werden. Da Herr X über wenig Erfahrung im Ausdauersport verfügt, übergewichtig ist sowie einen erhöhten Blutdruck vorweist, ist er als leistungsschwache Person einzustufen. Das WHO-Schema eignet sich daher als Testverfahren.

1.2.2 Detaillierter Testverlauf

Tab. 7: Testrelevante Parameter

Geschlecht	männlich
Alter / Jahren	43
Gewicht / kg	83
Größe / cm	172
Ruhepuls / S/Min	72
Trainingszustand	untrainiert
Zielherzfrequenz (nach IPN) S/Min	135

Das gewählte Belastungsschema nach WHO ist ein submaximaler Stufentest am Fahrradergometer. Die Eingangsbelastung beträgt 25 Watt. Die Stufendauer erstreckt sich über zwei Minuten. Bei Beendigung einer Stufe wird die Belastung um je 25 Watt erhöht, bis die Zielherzfrequenz erreicht ist. Die Trittfrequenz liegt während des gesamten Testverfahren zwischen 60 und 80 Umdrehungen pro Minute. Die zuletzt vollständig durchfahrene Wattzahl bei Erreichen der definierten Pulsobergrenze (135 S/Min) dient als Test-größe. Wenn die Pulsobergrenze vor dem Ende der entsprechenden Belastungsstufe erreicht wird, so wird die Stufe nur zur Hälfte angerechnet (zeitinterpoliert). Anschließend kann die erbrachte Leistung mit den Normwerten für die jeweilige Altersstufe, das Geschlecht sowie das Körpergewicht verglichen werden. Dieser Vergleicht ergibt die relative Wattleistung der Testperson.

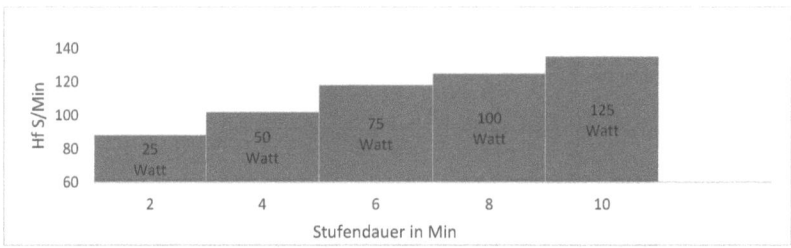

Abb. 1: Belastungsschema nach WHO – Testverlauf Herr X

1.2.3 Bewertung der Testergebnisse

Der in Abbildung 1 dargestellte Testverlauf von Herrn X zeigt folgende Testergebnisse. Die Testperson hat vier Belastungsstufen vollständig durchfahren (bis einschließlich 100 Watt). Die Zielherzfrequenz von 135 S/Min wurde nach einer Minute in der fünften Belastungsstufe (125 Watt) erreicht. Der Test wurde nach Minute 10 und einem Puls von 140 S/Min beendet. Die Gesamtleistung beträgt demnach 112,5 Watt (zeitinterpoliert; Stufe 5 nur zur Hälfte durchfahren: 25 Watt : 2 = 12,5 Watt + 100 Watt = 112,5 Watt). Bezogen auf das Körpergewicht ergibt sich eine relative Wattleistung von 1,35 Watt/kg (112,5 Watt: 83 kg). Wird die erbrachte Leistung nun mit den Vorgaben der Norm-Soll-Leistungstabelle verglichen, so ergibt sich für Herrn X eine unterdurchschnittliche Leistung (siehe Abb. 2).

Alter / Intensität	< 30	30-34	35-39	40-44	45-49	50-54	55-59	> 60	Bewertung
0,50	1,45	1,38	1,31	1,23	1,16	1,09	1,02	0,94	☹☹
0,51	1,50	1,43	1,35	1,28	1,20	1,13	1,05	0,98	☹☹
0,52	1,55	1,47	1,40	1,32	1,24	1,16	1,09	1,01	☹☹
0,53	1,60	1,52	1,44	1,36	1,28	1,20	1,12	1,04	☹☹
0,54	1,65	1,57	1,49	1,40	1,32	1,24	1,16	1,07	☹☹
0,55	1,70	1,62	1,53	1,45	1,36	1,28	1,19	1,11	☹
0,56	1,75	1,66	1,58	1,49	1,40	1,31	1,23	1,14	☹
0,57	1,80	1,71	1,62	1,53	1,44	1,35	1,26	1,17	☹
0,58	1,85	1,76	1,67	1,57	1,48	1,39	1,30	1,20	☹
0,59	1,90	1,81	1,71	1,62	1,52	1,43	1,33	1,24	☹
0,6	2,00	1,90	1,80	1,70	1,60	1,50	1,40	1,30	Ø
0,61	2,20	2,09	1,98	1,87	1,76	1,65	1,54	1,43	Ø
0,62	2,40	2,28	2,16	2,04	1,92	1,80	1,68	1,56	Ø
0,63	2,60	2,47	2,34	2,21	2,08	1,95	1,82	1,69	☺
0,64	2,80	2,66	2,52	2,38	2,24	2,10	1,96	1,82	☺
0,65	3,00	2,85	2,70	2,55	2,40	2,25	2,10	1,95	☺
0,66	3,20	3,04	2,88	2,72	2,56	2,40	2,24	2,08	☺☺
0,67	3,40	3,23	3,06	2,89	2,72	2,55	2,38	2,21	☺☺
0,68	3,60	3,42	3,24	3,06	2,88	2,70	2,52	2,34	☺☺
0,69	3,80	3,61	3,42	3,23	3,04	2,85	2,66	2,47	☺☺
0,70	4,00	3,80	3,60	3,40	3,20	3,00	2,80	2,60	☺☺

Abb. 2: Normtabelle für submaximale Radergometertests – Relative Watt-Soll-Leistung (Watt pro kg) bei Männern (modifiziert nach IPN, 2004, S.8)

1.3 Gesundheits- und Leistungsstatus

Im Hinblick auf die Belastbarkeit bzw. Trainierbarkeit des Klienten, ist folgende Einschätzung möglich. Aufgrund seines BMI ist Herr X als Präadipös einzustufen. Sein Blutdruck liegt im hochnormalen Bereich, was keinerlei Einschränkung im Bezug auf Training zur Folge hat. Die Testergebnisse des Fahrradergometers zeigen eine unterdurchschnittliche Leistung. Laut eigener Aussage sowie vorliegenden Daten ist Herr X als Beginner einzustufen. Nach einer medizinischen Untersuchung seines Hausarztes (bezüglich des Übergewichtes sowie Bluthochdruckes) liegen keine Kontraindikationen vor. Die Intensität seines Trainings sollte sich demnach im niedrigen bis moderaten Bereich befinden.

2 Zielsetzung / Prognose

Tab. 8: Zielsetzung Herr X

	Inhalt	Ausmaß	Zeit
Ziel 1 - gesundheits-bezogen	BMI senken durch Gewichtsabnahme	- 6 kg = BMI im Normbe-reich (26)	12 Wochen
Ziel 2 - gesundheits-bezogen	Blutdruck senken; Ziel: Werte im Norm-bereich	systolisch – 5 mmHg diastolisch – 5 mmHg	12 Wochen
Ziel 3 - leistungsbe-zogen	Leistungssteigerung (Watt-Soll-Leistung)	+ 0,35 Watt-Leis-tungs = 1,70 Watt/kg (Normbereich)	12 Wochen

Die in Tabelle 7 dargestellten Ziele ergeben sich aus den gesammelten Daten von Herrn X sowie eigenen Wünschen des Klienten. Da der Kunde ein Beginner ist und einen niedrigen Leistungsstand aufweist, wurden die Ziele aufgrund seiner Leistungsbegrenzenden Faktoren formuliert. Um eine körperliche Verbesserung hervorzurufen gilt es daher das Gewicht des Klienten, sowie dessen Blutdruck zu senken. Beide Ziele beeinflussen sich gegenseitig positiv. Die Gewichtsreduktion nimmt jedoch einen höheren Einfluss auf den Blutdruck als umgekehrt.

Berg (2004) empfiehlt einen zusätzlichen Energieverbrauch von ca. 1000 kcal durch körperliche Aktivität pro Woche, um den gestörten Stoffwechsel von Übergewichtigen günstig zu beeinflussen. Berechnet man eine Ausdauertrainingseinheit mit 350 kcal (á 45-60 Min. / moderate Intensität), so wird der empfohlene Energieverbrauch bei drei bis vier Einheiten pro Woche erreicht. Da Herr X jedoch ein Minimalprogramm absolviert (siehe Punkt 3) empfiehlt sich zusätzlich eine Ernährungsumstellung um sein Zielgewicht zu erreichen. Das Ausmaß des ersten Trainingszieles orientiert sich am BMI des Klienten. Der Umfang des zu verlierenden Gewichtes (um einen normalen BMI von unter 26 zu erreichen) beträgt 6 kg. Da von einem Gewichtsverlust von circa 500 Gramm pro Woche auszugehen ist, wurde ein Zeitrahmen von 12 Wochen festgelegt. Das Körpergewicht wurde bei einem Eingangsgespräch mit einer Personenwaage gemessen und wird nach 12 Wochen mit dem gleichen Gerät vorgenommen. Das zweite gesundheitsorientierte Trai-

ningsziel beschreibt eine Blutdrucksenkung von 5mmHg systolisch und 5mmHg diastolisch. Laut Kindermann et al. (2003) ist die Wirkung des Ausdauersportes ausgeprägter,
je höher der Ausgangswert ist. Die Wirkung ist dabei unabhängig von Alter und Geschlecht. Da Herr X nur einen leicht erhöhten Blutdruck aufweist, wurde das Ziel (-
5mmHg systolisch / diastolisch) eher niedrig angesetzt. Der Umfang beträgt, angepasst
an das erste Ziel, ebenso 12 Woche. Die Messung erfolgt mittels einer Blutdruckman-
schette. Letztes Trainingsziel bezieht sich auf die Leistung von Herrn X. Aufgrund seines
eigenen Wunsches im Eingangsgespräch „fitter werden", sowie dem unterdurchschnittli-
chen Ergebnis im Fahrradergometertest, eignet sich die Verbesserung seiner Watt-Leis-
tung als Messumfang. Ziel ist die gefahrene Wattleistung von 0,35 Watt/kg innerhalb von
12 Wochen auf 1,70 Watt/kg zu erhöhen. Dieser Wert befindet sich im Normbereich eines
Mannes im gleichen Alter / Größe.

3 Trainingsplanung Mesozyklus

3.1 Grobplanung Mesozyklus

Tab. 9: Grobplanung Mesozyklus

Dauer	6 Wochen
Zielsetzung (siehe Tab. 7)	- Entwicklung der Grundlagenausdauer (GA1-Training)
	- Stabilisierung GA1
	- Heranführen an Optimalprogramm
Trainingsumfang pro Woche	20 – 60 Min
Trainingsmethoden	Extensive Dauermethode
	Variable Dauermethode
Trainingsintensität	60-85 % Hfmax
Trainingshäufigkeit pro Woche	2 - 3
Trainingsdauer pro Einheit	20 – 30 Min
Trainingsgeräte	Fahrrad
	Crosstrainer

Da Herr X als Beginner einzustufen ist orientiert sich sein Mesozyklus an dem Gesund-
heits-Minimalprogramm (Zintl & Eisenhut, 2001). Dieses ermöglicht es untrainierten

Personen mit einem Minimum an Trainingsaufwand, ein Maximum an positiven Gesund-
heitsadaptionen zu erreichen. Anhand des 6-wöchigen Programms ist es möglich den Klienten an die Belastung im Ausdauertraining zu gewöhnen.

3.2 Detailplanung Mesozyklus

Zur Berechnung der Trainingsherzfrequenz in nachfolgendem Mesozyklus wurde die
ACSM-Formel verwenden (=American College of Sports Medicine) (Lippincott, 2013).

Tab. 10: HfTraining HerrX nach ACSM-Formel

Intensität in % von Hfmax	Fahrradergometer Hf(Training) =200 − Lebensalter x Intensität	Crosstrainer Hf(Training) = 220 − Lebensalter x Intesität
60	94	106
65	102	115
70	110	124
75	118	133
80	126	142
85	133	150

Tab. 11: Detailplanung Mesozyklus

	Trainingstage	Trainingsziel	Trainingsmethode	Trainingsintensität in % von HfMax	Trainingsherzfrequenz Schläge / Minute	Trainingsdauer in Minuten	Trainingsgeräte
Woche 1	Montag	Hinführen GA1 & Minimalprogramm	Extensive Dauermethode	60 - 70	94 - 110	30	Fahrradergometer
	Mittwoch					30	
Woche 2	Montag	Hinführen GA1 & Minimalprogramm	Extensive Dauermethode	60 - 70	94 - 110	20	Fahrradergometer
	Mittwoch					20	
	Freitag					20	

Woche	Tag		Methode				
Woche 3	Montag	Absolvieren Minimalprogramm & Hinführen GA2	Extensive Dauermethode	60 - 70	94 – 110	25	Fahrradergometer
	Mittwoch				106 – 124	10	Crosstrainer
	Freitag				94 – 110	25	Fahrradergometer
Woche 4	Montag	Absolvieren GA1	Extensive Dauermethode	60 - 70	106 – 124	15	Crosstrainer
	Mittwoch				94 - 110	30	Fahrradergometer
	Freitag				106 – 124	15	Crosstrainer
Woche 5	Montag	Entwicklung GA2 & Stabilisierung GA1	Extensive Dauermethode	60 - 70	94 - 118	30	Fahrradergometer
	Mittwoch		Variable Dauermethode	60 - 85	106 -155	20	Crosstrainer
	Freitag		Extensive Dauermethode	60 - 70	94 - 118	30	Fahrradergometer
Woche 6	Montag	Entwicklung und Stabilisierung GA2	Variable Dauermethode	60 - 85	94 - 133	30	Fahrradergometer
	Mittwoch		Extensive Dauermethode	60 – 75	106 - 133	20	Crosstrainer
	Freitag		Variable Dauermethode	60 - 85	94 - 133	30	Fahrradergometer

Tab. 12: Variable Dauermethode Hftraining

	Extensiver Bereich % von Hfmax		Intensiver Bereich % von Hfmax	
Trainingsgerät	Fahrrad	Crosstrainer	Fahrrad	Crosstrainer
Woche 5	60 - 75		75 - 85	
Woche 6	60 - 75		75 - 85	
Trainingsherzfrequenz S/Min	94 - 118	106 - 133	118 - 133	133 - 155
Dauer der Intervalle in Min.	6		4	

3.3 Begründung Mesozyklus

Angestrebter wöchentlicher Belastungsumfang

Da der Kunde als Beginner eingestuft wurde (siehe 1.3), eignet sich das Minimalprogramm, zum Aufbau und Stabilisierung seiner Ausdauer.

Zu Beginn des Trainingsplanes beginnt Herr X mit zwei Einheiten pro Woche. Dies stellt die unterste Grenze für die Häufigkeit innerhalb des Minimalprogrammes dar (Zintl & Eisenhut, 2001). Somit kann eine anfängliche Überforderung ausgeschlossen werden, jedoch trotzdem ein trainingswirksamer Reiz gesetzt werden. In weiterem Verlauf des Mesozyklus, wird die Häufigkeit auf drei Einheiten pro Woche erhöht. Um die Ziele des Klienten zu erreichen ist es nötig eine aerobe Basis zu schaffen (Muster et. al, 2006). Diese verbesserte Grundausdauer (Steigerung der aeroben Leistung) ermöglicht eine Gewichtsreduktion sowie positive Anpassungen des Herz-Kreislaufes. Innerhalb des Minimalprogrammes wird ein Umfang von bis zu 4 Einheiten empfohlen. Der Kunde nannte in einem Eingangsgespräch einen maximalen Verfügungsrahmen von drei Einheiten. Daher wurde auf eine vierte Einheit verzichtet. Laut Zintl und Eisenhut (2001) stellt ein Belastungsumfang von 60 Minuten das Ziel des Programmes dar. In den ersten vier Wochen seines Trainings richtet sich die Dauer jeder Einheit nach diesem Richtwert. Dementsprechend wurde die Dauer des Trainings verringert, um die Anzahl der Einheiten pro Woche erhöhen zu können. Da mit Anpassungen durch das Minimalprogramm nach ca. vier Wochen zu rechnen ist, wurde die Bruttobelastungszeit auf 80 Minuten pro Woche erhöht. Das Prinzip der Dauerhaftigkeit und Kontinuität ist somit erfüllt.

Ausgewählte Trainingsmethoden

Die Basistrainingsmethode im Rahmen des Minimalprogrammes ist die extensive Dauermethode (Zintl & Eisenhut, 2001). Wesentliches Merkmal ist die geringe Belastungsintensität. Im aeroben Trainingsbereich wird hauptsächlich Kohlenhydrat- und Fettstoff-wechsel zur Energiebereitstellung beansprucht. Weiter wird die Herz-Kreislauf-Arbeit ökonomisiert. Diese Ökonomisierung führt zu einer Senkung des Blutdruckes sowie Ver-besserung der Ausdauerleistung (Muster et. al, 2006). Alle Anpassungen durch die exten-sive Dauermethode entsprechen der Zielsetzung für Herrn X (siehe Tab. 7). In Woche fünf und sechs wird zusätzlich die Variable Dauermethode (VDM) eingesetzt. Ziel ist es den Kunden an ein Optimalprogramm heranzuführen. Die VDM ist eine Mischung aus extensiver sowie intensiver (Hfmax 60 – 85%) Dauermethode. Innerhalb der VDM er-folgt ein Wechsel zwischen niedrigeren und höheren Belastungsintensitäten. Obwohl die gesundheitlichen Anpassungen niedriger ausfallen als bei der extensiven Dauermethode, stellt die VDM eine gute Möglichkeit dar den Klienten an intensivere Trainingsbereiche und die damit einhergehende anaerobe Energiebereitstellung zu gewöhnen. Beide Metho-den erfüllen das Prinzip des trainingswirksamen Reizes.

Begründung der Belastungsprogression

Das Prinzip der progressiven Belastungssteigerung gilt als Grundsatz für die Trainings-steuerung. Dabei gilt: *Häufigkeit vor Umfang vor Intensität.*
Bereits in Woche zwei erreicht Herr X die angestrebte Zahl von Einheiten. Nachdem die Häufigkeit erhöht wurde, wird der Umfang des Trainings durch die steigende Dauer in-nerhalb einer Einheit angepasst. In Woche fünf erreicht der Kunde den wöchentlichen Trainingsumfang von 80 Minuten. In letztem Schritt wird mit Hilfe der VDM die Inten-sität des Trainings erhöht.

Begründung der angesteuerten Trainingsbereiche

Im Mesozyklus des Klienten werden Trainingsbereiche zwischen 60 – 85 % der Hfmax angestrebt. Innerhalb der ersten vier Wochen beträgt die Intensität maximal 70 % (Mini-malprogramm). Erst ab Woche fünf wird Herr X langsam an eine höhere Intensität her-angeführt. Eine leichte Veränderung der Trainingsintensität fördert zudem den Wechsel zwischen Belastung und Erholung sowie Methodenwechsel (Prinzip 4 der Trainingssteu-erung). Da Herr X hauptsächlich anhand eines Minimalprogrammes an intensivere Trai-ningsbereiche ab 70 % herangeführt werden soll, wird auf höhere Intensitäten in den ers-ten vier Wochen in dem Mesozyklus aus Tabelle 10 verzichtet.

Begründung der ausgewählten Trainingsgeräte

Das Prinzip der variierenden Belastung verdeutlicht die Notwendigkeit des Methoden-sowie Gerätewechsels bei der Trainingsplanung. Da der Körper sich schnell an gleiche Belastungsreize gewöhnt, ist eine variierende Stimulation notwendig um eine optimale Anpassung des Organismus zu erzielen. Ab Woche drei wechselt Herr X zwischen dem Fahrradergometer und dem Crosstrainer. Nicht nur die Bewegungsform der beiden Geräte unterscheidet sich erheblich, sondern auch die Herzfrequenzbereiche. Gemeinsam mit dem Methodenwechsel (zwischen extensiver und variablen Dauermethode) ist eine positive gesundheitliche Entwicklung zu erwarten.

4 Abschlussstatement und Aussichten für Herrn X

Insgesamt zeigt sich Herr X zu Beginn als leistungsschwache Person. Nach intensiver Betrachtung aller vorhanden Daten ergibt sich jedoch eine positive Prognose in Hinsicht auf die Verbesserung seiner Leistung sowie Gesundheit. Der oben dargestellte Trainings-plan orientiert sich an den individuellen Voraussetzungen des Kunden. Wird dieser genau absolviert und ergeben sich zusätzlich keine Kontraindikation, kann davon ausgegangen werden, dass sich der Allgemeinzustand von Herr X deutlich verbessern wird.

5 Literaturrecherche

Tab. 13: Effekte des Ausdauertrainings bei arterieller Hypertonie

Titel	Effekte eines 12-wöchigen Ausdauertrainings auf die körperliche Leistungsfähig-keit und den psychischen Zu-stand von Patienten mit iso-lierter systolischer Hypertonie	Kardiovaskuläre Effekte ei-nes aeroben vs. Eines iso-metrischen Training bei arte-rieller Hypertonie.
Jahr	2011	2015
Autoren	Meißner, Romy	Vlatsas, Stergios
Forschungsfrage	Welche Auswirkungen hat ein 12-wöchiges Ausdauertrai-ning auf den körperlichen Zu-stand, die kardiovaskuläre	Welche Unterschiede im Be-zug auf Blutdruck und andere hämodynamische Parameter es gibt bei aerobem Training

	Funktion sowie das Wohlbe-finden, bei älteren Personen mit isolierter systolischer Hypertonie.	und isometrischem Faust-schlusstraining, bei Patienten mit arterieller Hypertonie.
Versuchspersonen	- 51 Patienten - Patienten der Charité Universitätsmedizin Berlin - Alter: > 60 Jahre - Blutdruck: systolisch > 140 mmHg; diastolisch < 90 mmHg	- 70 Probanden (29 Männer, 41 Frauen) - Arterielle Hypertonie mit medikamentöser Therapie oder einem Blutdruck von > 140 / 90 mmHg ohne Einnahme - vorab keine sportliche Aktivität
Versuchsaufbau	- Eingangsuntersuchung: Festellung körperliche Leistungsfähigkeit (Laufbandspiroergometrie) - Bestimmung von Blutdruck, Herzfrequenz, Laktatkonzentration, VO2max - Aufteilung in Trainings- und Kontrollgruppe - 12 Wochen, 3x Woche Training Laufband individuell - Belastung systematisch gesteigert - Trainingssteuerung über Laktatkonzentration - Abschlussuntersuchung	- vorab 24 Stunden Blutdruck-messung, Pulswellenanalyse - randomisierte, prospektive, kontrollierte Studie - Zufällige Einteilung in Gruppe - 1 Gruppe: 25 Patienten, 12 Wochen, 5x Woche isometri-sches Training (Faust-schlusskontraktion mit 30% der maximalen Kraft). - 2 Gruppe (Placebo): 23 Patienten, Placebogerät (Kontraktionen mit 5% der max. Kraft) - 3 Gruppe: 22 Patienten, 5x Woche, 30-45 Min aerobes Ausdauertraining - keine zusätzlichen Interventionen, keine Änderung der Medikamenteneinnahme
Ergebnisse	- signifikante Verbesserung der Leistungsfähigkeit (+44Watt) - Verbesserung Laktatwert, max. Herzfrequenz, Wohlbefinden, systolischer Blutdruck - keine Veränderung Kontrollgruppe	- signifikanter Unterschied des Blutdrucks (systolisch) - Senkung des Blutdrucks (systolisch & diastolisch) sowie Verbesserung der kleinen und großen Gefäße bei aerobem Training - Isometrisches Training zeigt keinen Einfluss auf Blutdruck

6 Literaturverzeichnis

Berg, A. (2004). Sport hält gesund. *UGB Forum*, 4, 173-175.

Deutsche Adipositas-Gesellschaft. (2005). *Prävention und Therapie der Adipositas. Evidenzbasierte Leitlinie – Adipositas,* Deutsche Adipositas-Gesellschaft. Zugriff am 31.Juli.2019. Verfügbar unter: https://www.adipositas-gesellschaft.de

Löllgen, H. (2009). Definition und Methoden. In H. Löllgen, E. Erdmann & A. K. Gitt (Hrsg.), *Ergometire.* Heidelberg: Springer

Gallagher, D.; Heymsfield, S. B.; Heo, M.; Jebb, S. A.; Murgatroyd, P. R.; Sakamoto, Y. (2000): Healthy percentage body fat ranges: an approach for developing guidelines based on body mass index. In: *The American journal of clinical nutrition* 72 (3), S. 694–701. DOI: 10.1093/ajcn/72.3.694.

Meißner, R. (2011). *Effekte eines 12-wöchigen Ausdauertrainings auf die körperliche Leistungsfähigkeit und den psychischen Zustand von Patienten mit isolierter Hypertonie.* Berlin. Online verfügbar unter: https://refubium.fu-berlin.de/handle/fub188/9288

Trunz, E. (2001). *IPN-Test – Ausdauertest für den Fitness- und Gesundheitssport. Köln,* Institut für Prävention und Nachsorge. Köln.

Lippincott, W. & W. (2013). *ACSM Guidelines for Exercise Testing and Prescription.* Online verfügbar unter: https://books.google.de/books?id=hhosAwAAQBAJ.

Muster, M. & Zielinski, R. (2006). *Bewegung und Gesundheit. Gesicherte Effekte von körperlicher Aktivität und Ausdauertraining.* Darmstadt: Steinkopff.

Vlatsas, S. (2015). *Kardiovaskuläre Effekte eines aeroben versus eines isometrischen Trainings bei arterieller Hypertonie* (Doctoral dissertation). Online verfügbar unter: https://refubium.fu-berlin.de/handle/fub188/1246

Zintl, F. & Eisenhut, A. (2001). *Ausdauertraining. Grundlagen Methoden Trainingssteuerung* (5. Überarb. Aufl.). München: BLV.

7 Abbildungs- und Tabellenverzeichnis

7.1 Abbildungsverzeichnis

7.2 Tabellenverzeichnis